Natali Mallek – Annika Schneider

REIMRÄTSEL

INHALT

Einführung 9

Frühling

Frühlingsduft liegt in der Luft 10
Kleeglöckchen begrüßen Schneeglöckchen 11
Frühlingsgefühle 12
Frühjahrsputz: Glanz für einen flotten Tanz 13
Frohe Ostern! 14
Im April 15
1. Mai: Wer am Feiertag im Weiher lag 16
Fahrt ins Blaue 17

Sommer

Spaghettieis 18
Der Sonnenhut steht Nonnen gut! 19
Sonnenbrand 20
Strand-Spaziergang 21
Sand am Strand 22
Radfahren: Der Denker hält den Lenker 23
Auf in den Sommerurlaub! 24

SingLiesel

Satz: Satz für Satz, Wangen im Allgäu

Druck: FINIDR, s.r.o.
Printed in Czech Republic

ISBN 978-3-944360-64-5

5. Auflage

www.singliesel.de

Bildnachweise:
Blumen: Gizele/Shutterstock.com
Cover-Foto: Ljupco Smokovski/Shutterstock.com

Inhalt

Herbst

Herrlich leuchtet jedes Blatt 25
Drachen lachen 26
Oktoberfest: München übertünchen 27
Herbstfrüchte: Kastanien statt Geranien 28
St. Martin: Sterne und Laterne 29

Winter

Vögel füttern im Winter 30
Kaminabend: Franz hackt stolz Holz 31
Schneemann: Topf auf dem Kopf 32
Ich fahr viel lieber Ski 33
Ich seh Schnee 34
Es ist kalt, was zieh ich an? 35
Weihnachten: Wie das Licht in uns'ren Herzen 36
Glücksbringer 37

Kreuz & quer

Familie: Opa statt Europa 38
Milchprodukte: Gut im Futter für leckere Butter 39
Backzutaten: Schmalz und Salz 40
Die liebe Familie 41
Hochzeit: Treue ohne Reue 42
Schmuck: Der Ring – ein schickes Ding! 43
Friseur: Die Misere mit der Schere 45
Kirche: Die schönsten Lieder immer wieder 46
Einkochen: Einwecken und Finger lecken 47
Länder: Vino in Venedig 48
Badezimmer: Bunte Flecken im Becken 49
Möbel: Locker vom Hocker 50
Farben: Blau? Genau! 51
Zum Malen brauch ich 52
Baustelle: Immer weiter auf der Leiter 53
Theater: Der Hüne auf der Bühne 54
Bier: Mit Weizen nicht geizen 55
Schlafzimmer: Das Kissen nicht vermissen! 56
Körper: Wie Glut, das Blut! 57
Körper: Gruß vom Fuß 58
Pflanzen: Hecken für die Schnecken 59

Auto: Ich muss noch tanken 60
Küche: In der Schürze liegt die Würze? 61
Körper: Salz im Hals 62
Körper: Alle Ecken der Welt entdecken 63
Im Büro der Firma Mecke 64
Bäume: Immer noch die Gleiche, die deutsche 65
Im Garten brauch ich 66
Karten spiel ich gern! 67
Bibel: Im Buchregal die dickste Fibel 68
Insekten: Woher kommt wohl diese Laus? 69
Alles junges Gemüse? 70
Geschirr: Messer, Gabel – was fehlt noch? 71
Sport: Speerwurf und Segeln 72
Obst: Einen Apfel am Tag 73
Handarbeiten: Sticken oder Stricken? 74
Was gibt es zu essen? 75
Backen: Safran macht den Kuchen gel 76
Schulfach gesucht! 77
Welches Werkzeug bin ich? 78
Fische: Gefecht mit Hecht 79
Singen: Flieder-Tuch und Liederbuch 80

EINFÜHRUNG

In der Seniorenarbeit eignen sich Reimrätsel sehr gut als Teil des Gedächtnistrainings. Besonders für Menschen mit Demenz sind Rätsel in Reimform eine gute Möglichkeit, das Gedächtnis anzuregen und zugleich das Selbstwertgefühl zu steigern – denn ein Erfolgserlebnis ist beim Reimen fast garantiert.
Hilfreich ist es, wenn ein vertrautes Thema erkennbar ist, zu dem die gesuchten Wörter passen. Dies können jahreszeitliche Themen sein, aber auch Themen wie Familie, Hobby oder Alltag.
In diesem Band sind die Themen schon in den Gedicht- bzw. Kapitelüberschriften gut erkennbar. Die gesuchten Wörter bilden gewissermaßen „Sets", die in Bezug zu einem Thema stehen. So hilft neben dem Reimen auch das Assoziieren bei der Suche nach dem richtigen Begriff.
Reimrätsel sind in der Einzel- wie in der Gruppenarbeit einsetzbar. Das Reimen macht den Teilnehmern viel Spaß, sodass sie sich wohlfühlen und anschließend motiviert und zufrieden aus der Rätselrunde hinausgehen.

Viel Freude mit den Reimrätseln wünschen

Natali Mallek und Annika Schneider

FRÜHLINGSDUFT LIEGT IN DER LUFT

Im Frühjahr breiten sich Gerüche
aus wie in der feinsten Küche.
Was dann liegt in uns'rer Luft,
ist der schönste Frühlings...duft.

Nach dem Winter, lang und kalt,
sprießt frisches Grün in Feld und Wald,
erscheinen wie aus Wundertüten
erste zarte Frühlings...blüten.

Der Lenz kehrt wieder bei uns ein,
es ist Zeit, zu zweit zu sein.
Wir gehen hinaus, welch eine Wonne,
das Herz wärmt uns die helle ... Sonne.

Und auch Neugier macht sich breit,
manche Frage ist nicht weit:
Was dort wohl bald wachsen werde,
in der herrlich frischen ... Erde?

KLEEGLÖCKCHEN BEGRÜSSEN SCHNEEGLÖCKCHEN

Nicht mehr lange warten,
dann gehn wir in den Garten.
Den Vorhang wolln wir hissen,
für blühende … Narzissen.

Der Frühling ist nun da,
so singt die Vogelschar.
Es dauert nur ein Weilchen,
dann blühen auch die … Veilchen.

Die Sonne wärmt uns das Gemüt,
sie macht, dass alles herrlich blüht,
und sie zaubert, Hokuspokus,
lila Farbe an den … Krokus.

Der Winter ist nun endlich fort,
Blumen schmücken jeden Ort.
Die kleinen grünen Kleeglöckchen,
begrüßen uns're … Schneeglöckchen.

FRÜHLINGSGEFÜHLE

Es ist die Zeit der Lust und Lieder –
denn der Frühling hat uns wieder.
An den Pflanzen sprießen Triebe
und die Welt ist voller … Liebe.

Menschen, Tiere und auch Pflanzen,
haben nur noch Lust auf Tanzen.
Alle, die nicht treu sein müssen,
würden sich am liebsten … küssen.

In den Wolken Vogelschwärme,
Mann, wir ham uns wirklich gerne!
So wie über tausend Kerzen,
leuchten uns're weiten … Herzen.

Frühling, ach, du schöne Zeit,
zeigst uns stolz dein buntes Kleid.
Hör'n wir uns're Herzen beben,
ist die Zeit für neues … Leben.

FRÜHJAHRSPUTZ: GLANZ FÜR EINEN FLOTTEN TANZ

Sind die Fenster voller Schmutz,
ist es Zeit für Frühjahrsputz.
Um im Dunkeln nicht zu tappen,
brauch ich einen nassen … lappen.

Ganz besonders in den Ecken,
stecken reichlich üble Flecken.
Dafür braucht man wohl 'nen Zauber!
Dann wird alles richtig … sauber.

Auch die Böden brauchen Glanz
für den nächsten flotten Tanz.
Unter Stühlen, unter Tischen
muss man dringend gründlich … wischen.

Auf Regalen an der Wand:
verstaubte Bücher – allerhand!
Damit sie nicht noch mehr verschmutzen,
werd ich sie gleich einzeln … putzen.

FROHE OSTERN!

Auf der Wiese hinterm Haus,
sieht es heut ganz anders aus.
Mit ’ner bunt getupften Nase,
hoppelt dort ein kleiner … Hase.

Festlich ist es hier geschmückt,
meine Augen sind entzückt!
Gerade flitzt ein Huhn vorbei,
hockt sich hin und legt ein … Ei.

Der Hase schaute ganz gebannt
und kommt nun zum Ei gerannt.
Legt es, pünktlich noch zum Fest,
vorsichtig hinein ins … Nest.

So, nun heißt es nur noch warten,
bis die Kinder sind im Garten.
Hübsch geschrieben steht auf Postern:
„Wir wünschen allen Frohe … Ostern!“

IM APRIL

Im Frühling, wenn die Tulpen blüh'n,
wird so manches Wesen kühn.
Viele öffnen ihre Herzen,
im April beginnt das … Scherzen.

Man vernimmt nun überall
die Vogelwelt mit Sang und Schall.
Gott gibt allen Pflanzen Segen:
Mal scheint die Sonne, dann kommt … Regen.

Vögel zwitschern laut und leise,
jeder tut's auf seine Weise.
Das Wetter macht auch, was es will –
so ist das eben im … April.

Wie haben wir als Kind gelacht,
und auch oft 'nen Scherz gemacht.
Lass es uns jetzt wieder machen:
wie im April gemeinsam … lachen.

1. MAI: WER AM FEIERTAG IM WEIHER LAG …

Hans geht heute nicht zur Schule,
er ist zu Besuch bei Jule.
Beide haben heute frei,
denn es ist der erste … Mai.

Sie haben deshalb nichts zu tun,
haben Zeit, sich auszuruhn.
Andre suchen nach mehr Klarheit,
und mehr Geld – am Tag der … Arbeit.

Doch die Kinder spiel'n im Feld,
denken nicht ans viele Geld.
Und Hans, der schon im Weiher lag,
mag ihn sehr, den Feier…tag.

Abends, vor dem ersten Mai,
gab's so manche Feierei.
Gefeiert wurd' mit Glück und Glanz,
mit viel Frohsinn und mit … Tanz.

FAHRT INS BLAUE

Wenn die Frühlingssonne lacht,
der kleine Spatz ein Tänzchen macht.
Da ich so in die Wolken schaue,
denk ich an 'ne Fahrt ins ... Blaue.

„Warum nicht?", sagt meine Ruth,
„Frischluft tut uns beiden gut."
Und so fahr'n wir, klein wie Zwerge,
in die riesig hohen ... Berge.

Ruth packt uns're Taschen voll –
ja, ein Picknick, das wird toll.
Zum Glück ist unser Auto schmal,
so kommt es auch durchs engste ... Tal.

Am grünen Wald wird halt gemacht
und die Tasche ausgepackt.
Genossen wird mit Waldesduft
das Picknick an der frischen ... Luft.

SPAGHETTIEIS

Kommt, ich lad euch alle ein,
heut soll richtig Sommer sein.
Draußen ist es mächtig heiß,
wir genießen jetzt ein ... Eis.

In der Schlange ist Gedränge.
Sorten gibt es jede Menge.
Vorn hör ich schon Kinder jubeln,
gleich bestell ich auch zwei ... Kugeln.

Erdbeer, Schoko sind der Hit,
aber auch Bananensplit.
Gib nur Acht auf deine Hose,
sonst ist sie gleich voll mit ... Soße!

Susi mag Spaghettieis,
Kurt liebt Sahne, süß und weiß.
Und mit kunterbunten Körnchen
mag Klein Fritz sein Eis im ... Hörnchen.

DER SONNENHUT STEHT NONNEN GUT!

Wenn im Sommer in der Hitze
ich im Garten mächtig schwitze,
denk ich dran, dass ich sie schnappe,
meine sportlich-schicke … Kappe.

Unter unserm Apfelbaum
träumt ich manchen schönen Traum.
Hier lese ich sehr gern ein Buch,
auf dem Kopf ein buntes … Tuch.

Doch am liebsten in der Sonne
trag ich Folgendes mit Wonne:
Er steht bestimmt auch Nonnen gut,
mein großer, breiter … Sonnenhut.

An der See bei starkem Wind,
so bestätigt jedes Kind,
sollt man im Sommer auch sich schützen
mit 'ner kusch'lig warmen … Mützen.

SONNENBRAND

„Komm doch mal hierher gerannt,
ich glaub, du hast ’nen Sonnenbrand.
Ja, ich hab genau geschaut,
du hast ganz verbrannte … Haut!

Flo, du hörst jetzt auf zu lachen,
sonst passier’n hier gleich noch Sachen!
Jetzt ist keine Zeit für Häme,
hol mir bitte mal die … Creme.

Mit der Creme eingerieben,
wirst du gleich ein wenig frieren.
Pia, darf ich einmal fühlen?
Dein Schulterblatt werd ich gleich … kühlen.

Ich werd nachher noch nach euch sehn.
Morgen wird’s euch besser gehn.
Eingecremt könnt ihr mit Wonne,
bald auch wieder in die … Sonne.“

STRAND-SPAZIERGANG

Es ist herrlich an der Küste,
als ob das nicht jeder wüsste!
Ob nun Mutter, Vater, Kind:
Alle laufen durch den … Wind.

Auf den Dünen hinterm Strand
liegt der feinste, hellste Sand.
In den Mulden kann man kuscheln.
Kinder suchen oft nach … Muscheln.

Ach, wie lang ist es doch her,
dass wir schauten auf das Meer.
Bleib'n wir einmal stehn und lauschen,
hör'n wir nur das Wellen…rauschen.

Liebste, es ist doch ein Segen,
dass wir zwei zusammenleben!
Komm und gib mir deine Hand,
wir gehn noch einmal durch den … Sand.

SAND AM STRAND

Badeurlaub! Packt die Sachen,
endlich woll'n wir Ferien machen!
Woher kommt der ganze Sand?!
Ach, wir sind ja schon am … Strand!

Opa muss die Glatze cremen,
dafür sein Toupet abnehmen.
Meine heiß geword'nen Waden
kühle ich im Meer beim … Baden.

Papa schimpft beim Zeltaufbaun,
Theo ist längst abgehaun.
Ohne Schweiß gibt's keinen Preis –
nachher gibt's 'ne Runde … Eis.

Friedlich ist's, wenn alle schlecken.
Das kann Urlaubsstimmung wecken.
Ist der Bauch erst wieder leer,
gehen wir zurück ins … Meer.

RADFAHREN: DER DENKER HÄLT DEN LENKER

Ja, der Sommer, der macht Laune.
Dass ich darüber noch staune!
Sogar Klaus – nicht sportlich grad –
fährt dann immer mit dem … Rad.

Schnell hat er es eingesehn:
Mit dem Rad kann man was drehn!
Damen trifft er, viele nette,
repariert dann ihre … Kette.

Zu viel Sonne ist nicht schlimm.
Alles hat doch seinen Sinn,
denn zum Schutz trägt Klaus, der Schelm,
regelmäßig seinen … Helm.

Der hilft auch, dass nichts passiert,
wenn er bei den Frau'n flaniert.
Und zum Glück ist Klaus ein Denker,
hält die Hände fest am … lenker.

AUF IN DEN SOMMERURLAUB!

Auf der langen Urlaubsfahrt
trifft es Vati wieder hart.
Die ganze Zeit ist Mutti flau,
und dann stehn wir noch im … Stau.

Ich hab schrecklich Langeweile.
Autsch! Von Bruder Tom gibt's Keile!
Wir kommen hier in uns'ren Sitzen
auf der Fahrt ganz schön ins … Schwitzen.

Nach sechs Stunden sind wir da,
Vati findet's wunderbar.
Und, was haben wir vergessen?
War doch klar, das leck're … Essen.

Wir Kinder finden's gar nicht schlimm,
war eh zu viel Gemüse drin.
Mutti kauft zum teuren Preis
für uns alle kühles … Eis.

HERRLICH LEUCHTET JEDES BLATT

Heute wolln wir wandern gehn,
uns den bunten Wald ansehn.
Die Sonne scheint uns hold,
taucht die Natur in … Gold.

Die Bäume wiegen sanft im Wind,
und es weiß ja jedes Kind,
was der Herbst für Farben hat:
Herrlich leuchtet jedes … Blatt.

Wir gehen in ein Gasthaus rein,
ich lade meine Freunde ein.
Draußen steht ein Schild:
Es gibt leck’res … Wild.

Die Haare stehen ziemlich ab,
ich schau mich an und lach mich schlapp.
Ich stehe vor dem Spiegel
und fühl mich wie ein … Igel.

DRACHEN LACHEN

Der Herbst, der wird nun siegen,
er lässt so manches fliegen.
Wir freuen uns und lachen:
Gleich fliegt er hoch, mein … Drachen!

Man braucht, damit die Drachen steigen,
ihre schönen Künste zeigen,
das weiß jedes Kind,
eine Menge … Wind.

So steigt mein Drachen hoch hinauf,
fast bis zu den Wolken rauf.
Der Drachen fliegt durch die Natur,
und ich halt ihn an der … Schnur.

Mein Drachen ist weit hochgestiegen,
will wohl zu den Wolken fliegen!
Er macht ’nen lust’gen Tanz
und wackelt mit dem … Schwanz.

OKTOBERFEST: MÜNCHEN ÜBERTÜNCHEN

Das Oktoberfest ist nah,
die Zeit zum Feiern ist jetzt da.
Ich will nichts übertünchen,
wir fahren auch nach … München.

Der Bürgermeister, sagt mein Jochen,
hat es heute angestochen.
Du fragst dich wohl, was?
Na, das erste … Fass!

Natürlich gibt es hier
jede Menge Bier.
Getrunken wird nicht aus dem Glas,
getrunken wird hier aus der … Maß.

Ist es schon Zeit, nach Haus zu gehn?
Das Oktoberfest war schön.
So 'nen Spaß wie diesen
gibt's nur auf der … Wiesn.

HERBSTFRÜCHTE: KASTANIEN STATT GERANIEN

Deko kommt aus der Natur:
Das ist Augenfreude pur.
Im Sommer die Geranien,
im Herbst braune … Kastanien.

Mit Material aus der Natur
bastelt meine Tante nur.
Ich will ihr gerne schmeicheln
und sammle für sie … Eicheln.

Der Herbst, er kommt, es wird schon kalt,
mit Sammellust geht's in den Wald.
Meine Tasche ist aus Filz,
hinein leg ich 'nen leck'ren … Pilz.

Du sagst, der Herbst ist plötzlich da,
das findest du ganz sonderbar.
Erzähl mir keinen Stuss,
komm, knack mir eine … Nuss.

ST. MARTIN: STERNE UND LATERNE

Der Martinsumzug, er beginnt,
laut besingt es jedes Kind:
Oben leuchten die Sterne
unten meine … Laterne.

Der Martinsumzug findet statt,
jeder 'ne Laterne hat.
Der Punsch ist gar nicht teuer,
und es brennt ein … Feuer.

St. Martin reitet stolz voran,
führt uns'ren kleinen Umzug an,
mit Mantel und mit Schwert
auf einem weißen … Pferd.

Meine Laterne, seht mal, hier,
sie ist aus glitzerndem Papier.
Und nicht, dass ich scherze:
Drin ist 'ne echte … Kerze.

VÖGEL FÜTTERN IM WINTER

Vögel kommen, eins, zwei, drei,
ein Rotkehlchen ist auch dabei!
Sie kommen aus der Ferne,
hol'n Körner sich und … Kerne.

Franz hat es ganz allein gemacht.
Jetzt ist es fertig, und er lacht.
Dann holt er seine Mutter raus
und zeigt ihr stolz sein … Futterhaus.

Meisenknödel macht er jetzt,
die Körner müssen rein ins Fett.
Natürlich ohne jedes Salz
mischt er Körner in den … Schmalz.

Drosseln mögen Äpfel gern,
nicht nur wegen deren Kern'.
Drum schlag ich sie nicht in die Flucht,
geb ihnen eine schöne … Frucht.

KAMINABEND: FRANZ HACKT STOLZ HOLZ

Zum Kuscheln am Kamin
kommt heute die Nadine.
Drum hackt Franz voller Stolz,
schon mal reichlich ... Holz.

Die Feuerstelle ist geputzt –
jedoch hat es was genutzt?
Kann da noch ein Schmutz-Korn sein?
Er schaut schnell rein in den ... Schornstein.

Nadine ist richtig gut gelaunt,
als sie all das Holz bestaunt.
Doch ist's ihr nicht geheuer:
Es knistert so, das ... Feuer!

Doch schon schmusen uns're beiden,
wirklich gut können sie sich leiden.
Voll mit Sekt ist bald der Bauch
und der Schornstein voller ... Rauch.

SCHNEEMANN: TOPF AUF DEM KOPF

Es freut sich jeder Hase
über die Schneemann-Nase.
Ich schau nicht in die Röhre
und hol ihm eine … Möhre.

Der Schneemann-Kopf ist herrlich rund.
Ein Lächeln wäre noch gesund,
weshalb ich sie schnell hole:
für den Mund die … Kohle.

Der Schneemann, er gefällt schon sehr,
doch das Haupt wirkt etwas leer.
Drum kommt ganz oben auf den Kopf
ein alter, ausgedienter … Topf.

Hoffentlich wird's nicht bald warm!
Es fehlt noch etwas für den Arm.
Drum kriegt das kalte Wesen
in seine Hand 'nen … Besen.

ICH FAHR VIEL LIEBER SKI

Im Winter fängt mein Urlaub an,
weil man da so viel Schnee sehn kann.
Zum Meer fahre ich nie,
ich fahr viel lieber … Ski.

Was man so zum Skifahrn braucht,
haben alle, wir ja auch.
Man sieht hier keine Röcke,
alle haben … Stöcke.

Wir wollen endlich los,
die Auswahl, sie ist groß.
Ich schau auf eine Liste,
such mir die schönste … Piste.

Geht es dann zum Berg hinauf,
wollen auch die andern rauf.
So kommt's, dass man viel Menschen trifft,
fährt man aufwärts mit dem … Lift.

ICH SEH SCHNEE

Winter ist es nun,
es gibt viel zu tun.
Das Jahr wird langsam alt,
draußen ist es … kalt.

Weiß wirbelt er herunter,
die Flocken tanzen munter.
Es ist, so weit ich seh,
alles voller … Schnee.

Die Pflanzen kann man nicht mehr sehn,
nicht über grüne Wiesen gehn.
Es ist alles weiß –
nur noch Schnee und … Eis.

Das Wetter bleibt wohl erst mal so,
Skifahrer sind sicher froh:
Es sorgt aus Nord-Nord-Ost
ein Tief für Boden…frost.

ES IST KALT, WAS ZIEH ICH AN?

Es ist kalt, was zieh ich an?
Ist hier denn kein Bommel dran?
Doch, da ist er! In die Pfütze
spring ich lieber mit ’ner … Mütze.

Wahrlich, kehrt der Winter ein,
muckle ich mich richtig ein.
Da, ganz unten in der Truhe
find ich meine wärmsten … Schuhe.

Ein wenig hat’s heut Nacht geschneit,
für mehr Schnee wär ich bereit.
Um den Hals bin ich ganz kahl,
hol mir lieber einen … Schal.

Gleich geht’s los, in aller Ruhe
such ich erst mal die Handschuhe.
Neben meinem schicken Fracke
hängt bereit die dicke … Jacke.

WEIHNACHTEN: WIE DAS LICHT IN UNS'REN HERZEN

Bald ist Heiligabend da,
der Duft der Weihnacht ist ganz nah.
Während ich der Zeit gedenke,
freun sich Kinder auf … Geschenke.

Die Stube ist gar fein geschmückt,
ich bin davon ganz verzückt.
Wie das Licht in uns'ren Herzen
strahl'n am Baum ganz hell die … Kerzen.

Ob Messe oder Krippenspiel –
festlich wird das Orgelspiel.
Dort, wo Gottes Wille wacht,
besingen wir die … Stille Nacht.

Jeder hat sich fein gemacht,
Krawatte, Kleid – ganz mit Bedacht.
Der Mistelzweig ist voller Triebe,
Weihnacht ist das Fest der … Liebe.

GLÜCKSBRINGER

Das Jahr ist nun zu Ende,
die Weihnacht ist Legende.
Für mich, da wünsch ich Stück für Stück
im nächsten Jahr ein wenig … Glück.

Doch wie, das ist die gute Frage,
passiert’s, dass auch mal ich Glück habe?
Die Münzen-Sage kenn ich:
Zum Glück gehört ein … Pfennig.

Wenn dieser auch nicht helfen will,
schick ich Gebete, leis und still.
Und wenn der Winter Schnee hat,
wächst drunter wohl ein … Kleeblatt?

Das wär des Glückes zweierlei
doch aller guten Ding’ sind drei.
Zum großen Glück auf Reisen
hilft mir des Hufes … Eisen.

FAMILIE: OPA STATT EUROPA

Tom fragt seine Mama fromm,
woher denn die Babys komm'n.
Mama sagt: „Das weiß Papa …"
Papa sagt: „Frag doch … Mama!"

Tom, zwar klein, doch gar nicht dumm,
hört sich weiter danach um.
Doch statt zu reisen durch Europa,
geht er erst einmal zu … Opa.

Opa nimmt ihn auf den Schoß:
„Aus Mamas Bauch, der wird dann groß.
Wenn die Eltern glücklich sind,
wächst darin ein neues … Kind."

Tom geht los und ist zufrieden,
weiß, dass beide sich sehr lieben.
Als Bruder wär er Klassenbester,
sein größter Wunsch: 'ne kleine … Schwester.

MILCHPRODUKTE: GUT IM FUTTER FÜR LECKERE BUTTER

„Papa, sag mal, was meinst du?
Was macht eigentlich 'ne Kuh?"
„Das weißt du doch, mein süßer Knilch,
Kühe geben ganz viel … Milch.

Sie stehn am Tag viel auf der Weide,
gehn spaziern durch Flur und Heide.
Und steht die Kuh dann gut im Futter,
gibt's fürs Brot die fette … Butter.

Für Quark und Käse, den man kennt,
wird die Milch im Topf getrennt.
Der Käse schwebt dann wie 'ne Wolke
oben auf der süßen … Molke.

All das können wir dann kaufen,
müssen nur zum Laden laufen.
Jetzt iss erst einmal die Banane,
dann gibt es gleich noch Eis mit … Sahne."

BACKZUTATEN: SCHMALZ UND SALZ

Tante Anni kommt mich heut besuchen,
da back ich schnell noch einen Kuchen.
Zuallererst, das wusst' schon Luther,
kommt in den Teig die gute ... Butter.

Nun kommt der Zucker auf die Waage,
ein Viertelpfund, ob ich's noch habe?
Es reicht! Dazu 'nen Löffel Schmalz
und eine kleine Prise ... Salz.

Nun wird gerührt – ich weiß Bescheid!
Das Vanillin liegt schon bereit.
Die Schale bricht, und eins, zwei, drei,
fliegt es vorbei, das schöne ... Ei!

Das nächste sitzt, ich halt mich ran,
Tante Anni kommt bestimmt bald an.
Ich brauch jetzt nur, ganz ohne Hehl,
ein halbes Pfund gesiebtes ... Mehl.

DIE LIEBE FAMILIE

Heute ist Familienfeier,
Vati sagt: „Die alte Leier!
Das wird doch wieder blanker Hohn,
komm, wir scher'n uns weg, mein … Sohn."

Mutti sagt: „Kommt nicht in Frage.
Red dich bloß gleich nicht in Rage!"
Die Klingel geht. Nach dem Aroma
wird's wohl sein die liebe … Oma.

Nach gut 'ner Stunde in der Runde
hat Onkel Fritz pikante Kunde.
Erzählt das Neue und Brisante
aus dem Leben meiner … Tante.

Schon ist's vorbei mit guter Laune:
„Eine Stund'? So lang? Ich staune!",
sagt Vati. „Na, jetzt gibt's Trara!"
Er sieht den Blick nicht von … Mama.

HOCHZEIT: TREUE OHNE REUE

Für den schönsten Tag im Leben
bitten wir um Gottes Segen.
Ab jetzt beginnt die Zweisamkeit,
heut trag ich mein weißes … Kleid.

In der Kirche am Altar
spricht der Priester im Talar.
Durch Gelübde, ohne Reue,
schwör'n wir uns die ew'ge … Treue.

Mutti muss mit Tränen ringen,
als wir uns're Lieder singen.
Und erst recht, als dann der Hans
bittet mich zum ersten … Tanz.

Welch ein Fest, ich bin verliebt –
dass es so etwas noch gibt!
Vater spricht gar schöne Worte,
abends gibt's dann Hochzeits-… Torte.

SCHMUCK: DER RING – EIN SCHICKES DING!

Heidi wird heut ausgeführt,
hach, sie ist ja so gerührt!
Ihr Kleid ist blau, ein schickes Ding,
an ihrem Finger glänzt ein … Ring.

Tanzen war sie lang nicht mehr,
die Zeit gab's einfach nicht mehr her.
Ganz nervös sucht sie 'ne nette
farblich harmoniernde … Kette.

Der Stein: Saphir – er passt zum Kleid!
Doch ist die Kette nicht zu weit?
Sie spürt ein Rumpeln in der Darmwand:
„Oh nein, wo hab ich bloß mein … Armband?"

„Es liegt doch hinten in der Truhe“,
das war Hans – sie kommt zur Ruhe.
Die Liebe, sie ist nie erloschen.
Bewegt zupft sie an ihren … Broschen.

Sie lacht: „Ach, Schatz, es ist ein Graus,
wir war’n so lange nicht mehr aus!
Ich fühl mich grad wie Captain Hook,
trotz dem vielen schönen … Schmuck.“

„Mein Stern, du strahlst so schön,
heut möcht ich dich verwöhn’n.“
Hans küsst zärtlich ihr die Wange
und steckt ins Haar ihr eine … Spange.

FRISEUR:
DIE MISERE MIT DER SCHERE

Herbert denkt: „Oh Schreck, oh Graus,
wie seh ich denn wieder aus?!
Jetzt hab ich zwar 'ne Top-Figur,
doch was ist los mit der … Frisur?“

Jetzt ist Schluss mit dem Malheur,
am nächsten Tag geht's zum Friseur.
Dort gibt es sogar was zum Naschen
und Kaffee beim Haare-…waschen.

Gundel fragt: „Wie soll ich's schneiden,
dass noch ein paar Haare bleiben?“
Herbert lacht, spürt die Misere:
„Piks mich nicht mit deiner … Schere!“

Gundel schneidet mit Bedacht,
hat auch gleich den Bart gemacht.
Etwas Gel noch aus dem Tiegel,
fertig ist der Mann im … Spiegel.

KIRCHE: DIE SCHÖNSTEN LIEDER IMMER WIEDER

Sie klingen dunkel oder hell,
läuten langsam, läuten schnell.
Wenn sie uns zur Kirche locken,
folgen wir dem Ton der … Glocken.

Wir feiern froh so manche Feste,
zusammen sind wir Gottes Gäste.
Wir kommen jeden Sonntag wieder,
sing'n am Altar die schönsten … Lieder.

Die Kinder sind so voller Leben,
sie wurden uns zum Schutz gegeben.
Der Pastor sagt zum Wasser: „Laufe,
und schenke diesem Kind die … Taufe."

Auch in so mancher schweren Stund
beten wir: „Mach mich gesund!"
Die Hände ruhig im Schoß gelegen,
erbitten wir still Gottes … Segen.

EINKOCHEN: EINWECKEN UND FINGER LECKEN

Obst wegschmeißen? Das wär schade!
Wir kochen lieber Marmelade,
nach der ich mir die Finger leck.
Mein Einkochtopf, der ist von … Weck.

Ich mach schon mal die Küche klar,
zum Einwecken ist alles da.
Erzähl mir jetzt keine Gerüchte,
hol mir lieber schnell die … Früchte.

Die Früchte, die so herrlich rochen,
sind jetzt schon im Topf zum Kochen.
Einkochen macht Spaß,
ich fülle Glas für … Glas.

Dann machen wir im Nu
alle Gläser zu.
Komm schon, sei kein Dummi,
vergiss nicht das Weck-… Gummi.

LÄNDER: VINO IN VENEDIG

Für Käse ist man hier bekannt,
zum Burgenbau'n geht man zum Strand.
Nicht weit entfernt vom Siegerlande
findet man die … Niederlande.

Ich träum vom Vino in Venedig
und hoff, die Männer sind dort ledig.
Beim Papst in Rom blühn Dahlien,
wir fahren nach … Italien.

Napoleon war einst zugegen,
in Notre-Dame gibt's heut den Segen.
Zum Frühstück gibt's – schlank, weich –
Baguette aus „belle … Frankreich".

Die Fjorde, wunderschön und frisch,
zum Mittag Aquavit mit Fisch.
In einer Bar mit Schutz vor Regen,
feiern wir das Land … Norwegen.

BADEZIMMER: BUNTE FLECKEN IM BECKEN

Am Abend nach ’nem Arbeitstag
mach ich gern das, was ich auch mag.
Mit Schaum aus meinem Lieblingsladen
geh ich in meiner Wanne … baden.

Die Kinder sollten nach dem Essen
das Zähneputzen nicht vergessen.
Die Zahnpasta mit bunten Flecken
spucken sie vergnügt ins … Becken.

Wenn morgens nach der langen Nacht
ganz still und leis der Tag erwacht,
begleitet uns mit wachen Tönen
das Radio beim Haare … föhnen.

Paul geht gern duschen, die Susanne
sitzt lieber in der Badewanne.
Doch mögen beide, wie Herr Krause,
das Haarewaschen mit der … Brause.

MÖBEL: LOCKER VOM HOCKER

In Lottes Küche pfeift der Kessel,
schnell steht sie auf aus ihrem … Sessel.

Zum Tee kommt heut ihr Neffe Frank,
Gebäck dazu liegt schon im … Schrank.

Lotte deckt ganz froh und frisch
im Salon den kleinen … Tisch.

Schon hört sie auf dem Hof sein Mofa,
legt schnell die Kissen noch aufs … Sofa.

Sitzt seine Hose nicht zu locker?
Da fällt doch Lotte glatt vom … Hocker!

Das Hemd: bei Weitem nicht adrett.
„Kommst du jetzt grad erst aus dem … Bett?!“

„Ach, Lotte, nein, das war’n so Moden,
die ich noch fand in den … Kommoden.

Hab Wäsche mit, hier, schau einmal.
Muss sie noch falten für’s … Regal.

FARBEN: BLAU? GENAU!

Die schönste Farbe wohl, fürwahr,
warnt uns oft auch vor Gefahr.
Ist man in der Not,
sieht man manchmal … rot.

Sieht jemand nicht mehr klar,
ist diese Farbe da.
Dann sagt man – ganz genau:
Du bist ja völlig … blau!

Im Frühling sehn wir sie,
wunderschön wie nie.
Wenn die Blumen blühn,
ist alles wieder … grün.

Die Farbe hat das Hochzeitskleid
für den schönsten Tag zu zweit.
Wir werfen ganz viel Reis,
der ist genauso … weiß.

ZUM MALEN BRAUCH ICH ...

Egal, ob nah, ob fern,
im Urlaub mal' ich gern,
Ich fahre auf die Insel
und schnapp mir meinen ... Pinsel.

Ganz gleich, zu welcher Tageszeit,
zum Malen bin ich stets bereit.
Wer weiß, wo man Ideen trifft?
Ich schnapp mir einen bunten ... Stift.

Nicht nur für Tafeln ist sie gut,
ich nutz sie immer mit viel Mut.
Unter einer Weide
male ich mit ... Kreide.

Malen macht das Herz mir rein,
die Probleme werden klein.
Wenn ich was nicht kapier,
schnapp ich mir ... Papier.

BAUSTELLE: IMMER WEITER AUF DER LEITER

Helmuth klettert hoch hinauf,
muss heut auf die Dächer rauf.
Er klettert immer weiter
auf seiner langen … leiter.

Die Leiter ist nicht lang genug,
dass sie reicht, war Lug und Trug.
Man hatte sich vertan,
er braucht einen … Kran!

Helmuth ist ja wirklich treu,
auch die Auffahrt macht er neu.
Das schöne neue Pflaster
kommt mit einem … laster.

Helmuth weiß, die Sicherheit
ist von Belang zu jeder Zeit!
Drum spielt er nicht den Schelm,
trägt lieber einen … Helm.

THEATER: DER HÜNE AUF DER BÜHNE

Als Kind mochte ich Schauspiel sehr
und gute Stücke umso mehr.
Drum ging ich mit dem Vater
gerne ins … Theater.

Der Sänger machte sich bereit,
denn es war schon für ihn Zeit.
Bevor der Sänger vorsang,
ging auf der rote … Vorhang.

Es dauert nicht mehr lange!
Darum ist jede Wange,
die rechte und die linke,
inzwischen voller … Schminke.

Ist der Vorhang einmal auf,
nimmt das Schauspiel seinen Lauf.
Und dann tritt der Hüne
als Erster auf die … Bühne.

BIER: MIT WEIZEN NICHT GEIZEN

In Düsseldorf, da trinken wir
am liebsten ein recht dunkles Bier.
Am besten schmeckt es kalt,
unser gutes … Alt.

Frisch gezapft, mit Krone weiß,
draußen ist es wirklich heiß.
Drum weiß ich jetzt schon: Jeder will's,
unser eisgekühltes … Pils.

Es läuft hinein ins große Glas,
so macht der Durst uns richtig Spaß!
Keiner soll hier geizen
mit frischem, leck'rem … Weizen.

Sie ist im Angebot
in Grün oder in Rot.
Der Sirup mir Genuss verheiße!
Ich liebe die Berliner … Weiße.

SCHLAFZIMMER: DAS KISSEN NICHT VERMISSEN!

Frisch ist das Bett nicht mehr:
Bezüge müssen her!
Ich zupf an jeder Ecke,
als Erstes kommt die … Decke.

Worauf lieg ich mit dem Kopf,
bett ich abends meinen Schopf?
Ich will es nicht vermissen,
mein prall gefülltes … Kissen.

Bettbeziehen ist ’ne Last.
Hab ich es geschafft? Nur fast!
Die Sache hat ’nen Haken –
ich brauche noch ein … Laken!

Ich leg mich hin.
Wo ich hier bin?
Es ist wirklich nett:
im frisch gemachten … Bett.

KÖRPER: WIE GLUT, DAS BLUT!

Wenn ich zur Toilette rase,
ist sie gut gefüllt, die … Blase.

Es ist so rot wie Feuersglut:
Durch die Adern fließt das … Blut.

Bevor's dem Körper ganz entkam,
ging das Essen durch den … Darm.

Willst du mich verwirr'n?
Denk an mein … Gehirn!

Da gibt's kein' Zwist und auch kein' Hader,
unser Blut fließt durch die … Ader.

Bist du verliebt, spürst du 'nen Schmerz?
Hast du ein gebroch'nes … Herz?

So viel säuft ja kein Eber!
Denk an deine … Leber!

Hol ganz tief Luft, mein Junge,
bis in deine … Lunge!

KÖRPER: GRUSS VOM FUSS

Wenn ich renne und schnell fliehe,
schmerzen mir dabei die ... Knie.

Ich komm vorbei mit einem Gruß,
nicht mit dem Auto, nein, zu ... Fuß.

Um vorwärts schnell zu gehen,
brauch ich Hacke und auch ... Zehen.

Spaghetti drehn krieg ich nicht hin,
drum hängt die Soße mir am ... Kinn.

Nach dem Schmalz sollst du nicht bohren!
Lass die Finger aus den ... Ohren.

Was hat die Helen denn bewogen
zu stoßen mit dem ... Ellenbogen?

Womit sitzt du auf dem Klo?
Ich würd sagen, mit dem ... Po.

Willst du von hinten auch entzücken,
brauchst du einen schönen ... Rücken.

PFLANZEN: HECKEN FÜR DIE SCHNECKEN

Wenn Karl fängt an zu tanzen,
begeistern ihn die … Pflanzen.

Er mag sie sehr, man glaubt es kaum.
Im Garten steht ein großer … Baum.

Und als Heim für seine Schnecken
stehn links und rechts zwei lange … Hecken.

Mit Blättern fein, fast so wie Garn,
wächst hinterm Haus ein grüner … Farn.

Karl gießt grad mit kurzen Hosen,
da piksen auch schon mal die … Rosen.

Für die Vögel ein paar Krumen
legt er bedacht zwischen die … Blumen.

Bevor er geht, setzt er die Hasen
zum Grasen auf den grünen … Rasen.

Er muss dann schleunigst los,
kürzt nur noch schnell das … Moos.

AUTO: ICH MUSS NOCH TANKEN

Fritz ist modern und manchmal frech,
sein Auto ist aus rotem … Blech.

Er nimmt die Kurve, 90 Grad,
es quietscht ihm laut das Hinter…rad.

Hört man im Dorf dann ein Getute,
drückt Fritz grad fest auf seine … Hupe.

Er fährt gern schnell, das ist kein Witz,
sitzt kerzengrad in seinem … Sitz.

Beizeiten geht's ein wenig milder,
dann achtet er auch auf die … Schilder.

Am Abend, für die gute Sicht,
fährt Fritz stets mit hellem … Licht.

Wenn dann die Fliegen kleben bleiben,
putzt er mit Wischern seine … Scheiben.

Und noch beim Warten an den Schranken
fällt ihm ein: „Ich muss noch … tanken!"

KÜCHE: IN DER SCHÜRZE LIEGT DIE WÜRZE?

Was hat denn Marianne
heute in der Pfanne?
Sie verleiht dem Essen Würze,
trägt um den Bauch ’ne bunte … Schürze.

Ei hat sie gebraten,
doch müssen wir noch warten.
Freundlich nickt sie mit dem Kopf,
kocht Kartoffeln in dem … Topf.

Ich hab noch eine Frage:
Was wiegt sie mit der Waage?
Gleich wissen wir es besser,
sie zückt noch schnell ein … Messer.

Ach ja, das gute Butterschmalz
kommt dann noch in den Topf – und Salz.
Zeitgleich ertönt die Schelle,
serviert wird mit der … Kelle.

KÖRPER: SALZ IM HALS

Ich hole meinen großen Topf,
das Rezept hab ich im … Kopf.

Ich würze gern mit etwas Salz,
würzt jemand nicht, krieg ich ’nen … Hals.

Hör auf mit deinem Charme!
Du nimmst mich auf den … Arm!

Heute streiche ich die Wand,
nehm den Pinsel in die … Hand.

Öffne Fiffi seinen Zwinger,
benutze dafür meine … Finger.

Ich singe heut mit großer Lust
ein Liebeslied aus voller … Brust.

Ich bin verliebt, spürst du es auch?
Schmetterlinge sind im … Bauch.

Zum Kniereiten setz ich den Enkel
kurzerhand auf meine … Schenkel.

KÖRPER: ALLE ECKEN DER WELT ENTDECKEN

Sie helfen dir die Welt entdecken,
siehst Dinge in den kleinsten Ecken.
Wenn sie nicht mehr so viel taugen,
brauchst du 'ne Brille für die ... Augen.

Wie riecht eine Stange Zimt?
Nach Weihnachten? Ich glaub, das stimmt!
Den Duft der Rosen in der Vase
riechst du auch mit deiner ... Nase.

Ob trocken wie die weiße Kreide
oder weich wie schöne Seide,
ob glatt oder ob angeraut:
Das alles spürst du mit der ... Haut.

Schokolade, Gänseschmalz,
es schmeckt mal süß und mal nach Salz.
Erdbeeren und Kirschen rund
stecke ich in meinen ... Mund.

Gemüse ist zum Essen da!
Was du hier machst, ist mir nicht klar.
Da hat die Erbse nichts verloren:
Steck sie nicht in deine ... Ohren!

IM BÜRO DER FIRMA MECKE

Im Büro der Firma Mecke
stapelt Papier sich bis zur Decke.
Verflixt, denkt sich dabei der Rainer,
das Meiste kann doch in den … Eimer.

Hier muss sofort mehr Ordnung her,
man sieht die Schreibmaschin' nicht mehr.
Und ohne etwas zu versäumen,
schafft er Ordnung in den … Räumen.

Schnell stehn die Ordner im Regal,
das ist doch alles ganz banal.
Papiere liegen in der Kammer,
geheftet mit 'ner dicken … Klammer.

Nun sieht man auch den Füller wieder,
vor lauter Glück singt Rainer Lieder.
Noch schnell ins Glas zurück den Fisch,
und Rainer sitzt an seinem … Tisch.

BÄUME: IMMER NOCH DIE GLEICHE, DIE DEUTSCHE ...

Er steht schon lange dort, der Baum,
seit hundert Jahr'n, man glaubt es kaum.
Ist immer noch der Gleiche:
'ne gute deutsche ... Eiche.

Im Nadelwald ist sie zu Haus,
manchmal zu Gast beim Weihnachtsschmaus.
Sie ist die Liebste meiner Nichte,
die große immergrüne ... Fichte.

Im Dorf steht sie in voller Pracht.
Schaut, wie getanzt wird und gelacht!
Wiegt sich im sanften Winde,
die schöne alte ... Linde.

Am Wasser fühlt sie sich sehr wohl,
ihr Stamm ist dennoch niemals hohl.
Mit Blättern fast so zart wie Seide
ist sie die stets beliebte ... Weide.

IM GARTEN BRAUCH ICH …

Fallen Blätter auf die Wiese,
grüne, gelbe, so wie diese,
bedecken sie schon große Flächen,
hol ich einfach meinen … Rechen.

Ich lob ihn, wenn ich Löcher grabe,
mächtig tief zu graben habe.
Man braucht in jedem Garten,
einen guten … Spaten.

Man muss seinen Garten hegen
und die Pflanzen täglich pflegen.
Ich kürze Rose wie auch Ähre
mit meiner scharfen … Gartenschere.

Zum Auflockern brauch ich ’ne Neue,
’ne Gute – dass ich’s nicht bereue!
Egal ist mir die Marke
bei meiner neuen … Harke.

KARTEN SPIEL ICH GERN!

Vier Spieler sind heut mit dabei,
in jedem Team sind ihrer zwei,
die Haare weiß wie Alabaster,
ihr Leben lang spiel'n sie … Canasta.

Ausgesetzt wird bei der Acht,
so wird's in diesem Spiel gemacht.
Es spielen Mann und Kind und Frau,
am Ende ruft man laut: … „Mau-Mau!"

Alle drei könn's kaum erwarten,
spielen heute wieder Karten.
Als Erstes spielt der Herr mit Bart
als Alleinspieler beim … Skat.

Der vierte Spieler ist der Karl,
er spielt heut zum ersten Mal
mit seinem blonden Stoppel-Schopf
eine Runde … Doppelkopf.

BIBEL: IM BUCHREGAL DIE DICKSTE FIBEL ...

Im Buchregal die dickste Fibel,
das ist unser aller Bibel.
Erzählt Geschichten für das Leben,
so auch aus dem Garten ... Eden.

Von Adam, Eva – Lob und Tadel –,
von ihren Söhnen, Kain und Abel.
Von Moses, der erhält die Tora,
von den Tieren der Arche ... Noah.

Jesus wurd' zu Bethlehem geboren,
er ward als König auserkoren.
Er segnete Kinder und brach das Brot,
er tat viel Gutes bis zu seinem ... Tod.

Warum zu Ostern die Flamme nicht erlischt,
erzählt uns jährlich die Heilige Schrift.
Kann trösten, wenn Dinge den Atem uns rauben,
gar vielen hilft es, der Bibel zu ... glauben.

INSEKTEN: WOHER KOMMT WOHL DIESE LAUS?

Im Garten fragt sich oft der Klaus:
„Woher kommt wohl diese Laus?
Und ob ich die wohl kriege,
die flinke schwarze … Fliege?“

Auf der grauen Mauer tanzen
oftmals kleine braune Wanzen.
Und er sieht, wie sie sich tummeln,
die gelb und schwarz gestreiften … Hummeln.

Klaus will alle gern entdecken,
die Käfer und auch die Heuschrecken.
Schaut er ein bisschen in die Höhe,
begegnen ihm auch flinke … Flöhe.

Gerade hört er leises Rasseln,
da kommen schon zwei dunkle Asseln.
Ach, könnt’ er jeden Tag verbringen
zwischen bunten … Schmetterlingen!

ALLES JUNGES GEMÜSE?

Wenn Kurt fühlt sich gesund und wohl,
dann liegt das wohl am Blumen…kohl.

Gertrude übt sich im Spagat,
zu Mittag gibt's heut nur … Salat.

Im Juni kann man Heinz gut hören,
dann knabbert er an frischen … Möhren.

Die Ulla isst ihn oft zum Reis:
vom Feld gepflückt – den gelben …. Mais.

So gern verzehrt uns're Beate
ihr Brot mit Zwiebeln und … Tomate.

Das Suppekochen soll sich lohnen,
drum schnippelt Gerd noch ein paar … Bohnen.

GESCHIRR: MESSER, GABEL – WAS FEHLT NOCH?

Mathilde hat heut eingeladen,
sortiert die Messer und die Gabeln.
Sie sucht akribisch nach ’nem Fleck,
poliert ihn runter vom … Besteck.

Der Wein steht schon gekühlt im Keller,
nun deckt sie ordentlich die Teller.
Sogar Hans-Gerd, ihr Mann, hilft ihr,
sucht aus dem Schrank genug … Geschirr.

Ist das etwa schon die Schelle?!
Nein, es klirrt die Suppenkelle.
„Mathilde, bleib mal ganz gelassen,
ich hole jetzt die Suppen…tassen.“

„Nun stell dein Licht nicht untern Scheffel!
Deck bitte noch die großen Löffel!“
Gesagt, getan, so ist es besser –
halt, es fehlen noch die … Messer!

SPORT: SPEERWURF UND SEGELN

Am Abend spielt der Dennis
gern 'ne Partie Tennis.
Und will er sich noch weiter trimmen,
geht er eine Runde … Schwimmen.

Im Sessel will er nicht verharren,
drum turnt er fleißig auf dem Barren.
Der Mann ist sportlich, geht auch Segeln,
am Freitag sieht man ihn beim … Kegeln.

Hört man im Garten einen Knall,
dann spielt der Dennis Basketball.
Und kommt Hund Bello an zum Raufen
dann gehn sie eine Runde … laufen.

Die Heidi sagt oft diesen Satz:
„Der Mann lebt auf dem Fußballplatz."
So kennt sie ihn und liebt ihn sehr,
ab Mittwoch übt er Wurf mit … Speer.

OBST: EINEN APFEL AM TAG

Bei von Ribbeck isst mich eine Dirne,
ich bin 'ne gelbe, saftige … Birne.

Es schmeckt die süße, heiße Waffel
mit Mus von einem frischen … Apfel.

Zum Eis, da mag ich sie mit Sahne,
die gelbe, reife, krumme … Banane.

Gibt es im Schwarzwald Hirsche?
Zur Torte passt die … Kirsche.

Karl möchte' sie so gern verzehren,
die Schüssel voll mit roten … Beeren.

Im Sommer geht fast nichts mehr ohne
die große, runde Wasser…melone.

Im Herbst prangt sie am Baume,
auf Kuchen schmeckt sie – die … Pflaume.

Ich sitz im Schatten in der Laube,
über mir, da reift die … Traube.

HANDARBEITEN: STICKEN ODER STRICKEN?

Heut hab ich Lust zum Handarbeiten,
alles andre kommt beizeiten.
Daran gibt's auch nichts zu mäkeln,
denn ich freu mich schon aufs … Häkeln.

Die Nadeln, lang mit runden Spitzen,
zaubern Topflappen und Mützen.
Ich werd mal wieder einen dicken,
bunten Schal aus Wolle … stricken.

Aus edlen Stoffen, Nadel, Garn
zaub're ich ein Kleid mit Charme.
Luxus werd ich nicht verschmähen
und Pailletten darauf … nähen.

Mit Stielstich, Lochstich, Hexenstich
jeden Stoff verziere ich.
Viel Ornament wirst du erblicken,
fang ich erst mal an zu … sticken.

WAS GIBT ES ZU ESSEN?

In Essig wird er wohl geraten,
der eingelegte Sauer...braten.

Die Soße macht uns großen Durst
von der Berliner Curry...wurst.

Wenn Frau Bolte in die Töpfe schaut
sieht sie leck'res ... Sauerkraut.

Frau Meyer gibt sich keine Blöße,
macht aus Kartoffeln runde ... Klöße.

Wie man sie formt, bleibt mir ein Rätsel,
trotzdem ess ich gerne ... Brezel.

Ich hätt gern – das ist kein Gewitzel –
dein Rezept für Wiener ... Schnitzel.

Im Norden, da ist er zu Haus,
mit roter Beete schmeckt Labs...kaus.

Äpfel mögen nicht nur die Pferde,
mit Kartoffeln und Blutwurst heißt's Himmel und ... Erde.

BACKEN: SAFRAN MACHT DEN KUCHEN GEL

Ich tu Zucker, Ei und Mehl hinein,
mit Butter schmeckt er wirklich fein.
Das Vanillin muss ich noch suchen,
heute back ich einen … Kuchen.

Hefe brauchen wir, na klar,
mit Rosinchen schmeckt er wunderbar.
Das Rezept hab ich im Kopf,
wir backen einen Hefe…zopf.

Der Fleischwolf dreht und dreht und dreht,
bis der Teig zur Neige geht.
Auf dem Tisch steht ein Gedeck,
für unser leck'res Spritz…gebäck.

Ich back's aus Sauerteig sehr gerne,
nehm's belegt mit in die Ferne.
Mit Körnern und auch etwas Schrot
schmeckt mir selbst gemachtes … Brot.

SCHULFACH GESUCHT!

Wenn Flüssigkeiten reagieren
und vielleicht auch explodieren,
dann weiß nicht nur das Genie:
Unterrichtet wird … Chemie.

Kraftvoll werfen wir den Ball,
er springt hoch mit gutem Drall.
Wir turnen, dribbeln, sprinten fort,
dieses Fach nennt sich dann … Sport.

Jetzt geht es um die schönen Klänge
und um herrliche Gesänge.
In Mathe ging es um Kubik,
doch jetzt haben wir … Musik.

Wirre Farben-Explosion!
Welches Fach? Du ahnst es schon …
Ist das alles Schall und Dunst?
Aber nein, das nennt man … Kunst.

WELCHES WERKZEUG BIN ICH?

Ich kriege jeden Nagel rein,
wer mich kennt, sieht das auch ein.
Du hast mich auch in deiner Kammer,
und du weißt, ich bin der … Hammer.

Wenn sich was nicht lösen lässt,
steckt sozusagen richtig fest,
dann brauch ich dafür nicht lange,
ich bin schließlich die Kneif…zange.

Jedes Holz wird klein gemacht
und mit mir in Form gebracht.
Lieber flink als träge
werkle ich, die … Säge.

Wenn man mich nur lässt,
halt ich alles fest.
Fixieren willst du Dinge?
Nimm doch mich, die … Zwinge.

FISCHE: GEFECHT MIT HECHT

Mein Opa, da bin ich mir sicher,
ist auf der Welt der beste Fischer.
Die Mär, die ich am liebsten hör,
dreht sich um den größten … Stör.

Was hat er nicht schon all' erlebt,
auch dass im Meer die Erde bebt.
Und einmal, das war nicht banal,
hat er gekämpft mit einem … Aal.

Oma reicht's: „Genug Geschichten!
Ich muss bald das Essen richten.
Geh schnell los, du frecher Dachs,
und fang mir endlich einen … Lachs."

Opa angelt auf die Schnelle
aus dem See eine Forelle.
Erzählt danach von dem Gefecht
mit 'nem ellenlangen … Hecht.

SINGEN: FLIEDER-TUCH UND LIEDERBUCH

Gerne singe ich im Chor,
heute singen wir was vor.
Um den Hals ein Flieder-Tuch,
steh ich hier mit … Liederbuch.

C, D, E müssen wir singen,
durch den Saal die Stimmen klingen.
In dem Liederbuch, dem roten,
stehen für das Stück die … Noten.

Jeder singt das, was er kann,
es kommt auf die Stimme an.
Tenöre ham wir vier.
Ein Mann spielt … Klavier.

Mit Stock weist er uns alle an,
zeigt uns, wie man's singen kann.
Er ist intelligent,
unser … Dirigent.